Chant elegiacque, de

LA REPVBLIQVE,

Sur la mort de bault, & magnanisme Prince,
Francoys premier de ce nom
Roy de France.

Ioings aussi, certains Epitaphes, mys a la fin,
Sur la mort dudict Prince.

CHANT ELEGIAQVE DE LA REPV-

blique, Sur la mort de hault, &
magnanisme prince, Fãncoys
premier de ce nom
Roy de Frãce,

SI les souspirs, qu'en l'aer i'ay espandus,
Et mes regretz, estoient bien entendus,
Certes ie croy, qu' Africains, & Tartares,
Les indiens, & toutes gens Barbares,
Auroient leur part, du Deul, qui enuelope
Le propre cœur, de ma grand' mere Europe:
Causant (helas o sort, qui trop nous pince)
La triste mort, de son redoubte prince
Francoys, premier qui en ce, monde abiect,
Porta le nom, du peuple à luy subiect.

Francoys premier, qui par grrnd soing, & cure,
Sortit Minerue, hors d'une chartre obscure,
Habandonnee, & tenue en souffrance,
Par la rigueur, de l'humeyne ignorance,

A ij

Là proposant, (le chef garni d'un Heaulme,
L'escu au bras), au gentz de son Royaulme:
Si qu'on uenoit, des Regions lointaines,
En son Paris, comme dans une Athenes,
Ou d'un chescun, elle estoit honnorée,
Et en Hebreu, Grec, Latin adorée.

Or puis qu'il plait, au gouuerneur celique,
Mort a raui, à ce peuple gallicque,
Son puissant Roy, son support, son Atlas,
Au detriment, des subiectz de Pallas.

Deploures donq', Orateurs, & Poetes,
Ce noble Roy, & ses mœurs tant honnestes:
Car le scauoir, qu'en uous luict auiourdhuy,
A prinse source, & premier cours, de luy:
Ne permectes, uoz plummes, estre ingrates
Mais soyes promptz d'escripre, ses preux actes,
Gestes, & fatctz, uous qui de sa faueur,
Aues gousté, quelle estoit la scaueur:
Coches au long, l'incredible proesse,
Ou exerca les ans, de sa ieunesse,

Iusques que par segnile uiolance,
Ne peult en main tenir Ache, ne Lance.
    Et uoz souldars, mecstes iust toutes armes,
Vses uoz iours, en tristes pleurs, & larmes,
Car uif n'est plus, aux gallicanes terres,
Le Roy francoys, qu'aux martiales guerres,
Vous donoyt cœur, si qu'auies bonne enuie,
Contre ennemis, exposer uostre uie,
Pour soubstenir, son Lis qui tant fleuronne,
Sa maieste, son sceptre, & sa Corone:
Despoulles donq', uoz beaux harnois belliques,
Craintz des Flamengz, Hespagnolz, Italiques,
Et soient uoz corps, aperceux de tout œil,
Tournez de noir, pour signe de grand dœul:
Voz tabourins, uoz clerons, & trompetes,
Qui au passe, uous ont faict les mains prestes
A batailler, tous ceux qui uous irritent,
Fault à present, qu'à pleurer, uous incitent:
Alors qu'il fault, en soner mainte alarme,
Admonestant, qu'un chescun de uous s'arme,

A iij

Contre ennemis, au lieu d'entrer en lice,
Deul fault que nye, à uoz mains, leur office,
A cellefin que l'une, & l'autre efface,
Le pleur colant, du long de uoftre face.

Voz eftandars, Enfeignes, & Guidons,
Ou portraictz font fouldres, lances brandons,
Caffés le tout, & la croix (pour memoire)
D'hores auant, la pourres porter noire:
Ainfi de blanche, en brune couleur taincte,
Tefmoignera le mal, don France attaincte
Eft, & fera, parquoy tout cœur loyal
Pleindra la mort, de ce prince Royal.

Lequel uiuant, en fes ans bienheureux,
Aux depraues, eftoit Roy rigoreux:
Mais à ceux la, lefquelz uertu tempere
En fon pais: eftoit ami, & pere,
Doux, & clement: fi que extranges prouinces,
Le renommoient, plus grand entre les princes,
Eftre en bonté, en franchife de cœur
Tenant fa foy, & plus grand belliqueur,

Qu'on veit iamais, ne qu'on puisse cognoistre,
De ceux au moins, qui portent Royal sceptre.

Ie laisse apart (car est chose trop clere)
Comme il estoit pront a donner, & plaire
Aux extrangers, si bien que les Italles,
Peuuent iuger, de ses mains liberales.

Hongres, Germains, iusques au fons de thrace,
La mer aussi, qui la Phrigie embrasse,
Et tanais, bref thurcz, mores, chrestiens,
En habondance, ont receu de ses biens.

Qui donq' auroit, le cœur qu'abstenir puisse
De lamanter, si bien que des yeux n'ysse
Acerbe pleur, certes nul (ou ie croy)
S'il a a cogneu, ce tant notable Roy.

Or depleurons, nostre grande infortune,
Puis que la mort cruelle, & importune,
Noz a osté, nostre prince cheri,
Parquoy la France, est uefue de mari.

O aer serein, nōz souspirs recepuez,
Et noz sangloutz, & uous terre beues,

Noz larmes d'œil, moult tristes, & funebres:
Astres du ciel, randez noires tenebres
Depuis que morte, est l'humeine esperance
Que reluisoit, au cler Soleil de France.
    Vagues de mer, si iamais agitées
Fustes des uantz, & ca, & la portées,
Sus declaires, qu'aues doleur aperte,
Le tout causant, nostre Royale perte.
    Gouffres sortes, aux sommites uostre eau,
Mer enfles uous, & d'un cri tout nouueau,
Notifies, aux terres incognues,
Les grands douleurs, que nous sont aduenues:
Et ne soit point, uostre feureur estaincte:
Ains que scauoir dou prouient nostre plaincte,
Le faict aussi, soit randu pur, & munde,
Aux habitans: des deux poles du monde.
    Fleuues, Ruiceaux, qui la terre croises:
Et de uostre eau: les Gaules arroses:
Menes tristesse, & soies attantifz:
Pour tesmoigner des cris, & motz plaintifz:

Que uous orres, (du peuple recites)
Paſſant au pied des Villes, & Cites.

   Segne Francoyſe, & toy Sone en bourgongne,
Rhone dauphin, & Garonne en gaſcogne,
Rhin, Meuſe, Loire, eſtes uous bien ſans pleindre,
Ce Roy, duquel le païs uenes ceindre:
Or aſſembles uoz liqueurs, aux riuages:
Et au rebours, de uoz communs uoiages
Vuydes ſoudain, pour demonſtrer que ioye
N'aues: mais bien retrogrades la uoye:
Car uoſtre humeur, d'aſpre dueil eſt touchée.

   Et toy ardeche, entre deux montz cachée,
Poulſe ton cri, ſi bien que iours, & nuitz,
On t'oye plaindre, & pleurer tes ennuitz.

   Rochers cornus, montaignes eſleuées,
Haultes foretz, & uoz creuſes ualées,
Qui recepues en uoz lieux plus deſers,
Le fier ſanglier, & les timides cerfz,
Vous n'orres plus, du cor la clere uoix
Cheuaux hagnir, ne des chiens les abbois,

B

Et ne uerrez iamais, qu'aulcun porchasse,
Tandre les Rhetz, qu'on use apres la chasse:
Veu que la mort, contre France animée:
A prins le Roy, qui tant l'auoit aimée:
Parquoy iettons, de larmes à grandz traictz,
Et de souspirs, tesmoings de noz regretz.

    Bergieres doncq', en simplesse accostrées,
Et uous bergiers, qu'aux syluestres contrées,
Les monts prochains, souuent resonner faictes
Par le doulx chant, qui sort de uoz musettes:
Mectez à part, uoz chansons amoreuses:
Pour faire lieu, aux Rithmes doloreuses,
Narrantz l'ennuy, qui tousiour ua croissant:
Par le moyen, du malheur si recent,
Que nous eschet, ueu la piteuse absance,
De Pan regnant, sur les Pasteurs de France.

    Ne soiët plus doncq', uoz chefz garniz de fleurs
Mais contornez uoz ris, en tristes pleurs:
Et d'une uoix tramblante, & enrouée,
Plaindrez le bien, d'ou la Gaule est priuée.

Soient les chanſons, à iamais endormies,
Que uous dictes, au loz de uoz amies.

   Soient uoz Flaiolz, & Chaleumeaux ruſtiques,
Sans reſoner, borſmis certains Cantiques
Monſtrantz le deuil, que ſouffrés en ce lieu:
Pource qu'abſent eſt Pan, uoſtre grand Dieu.

   Prenez eſgard à la triſteſſe mienne,
De celle auecq', qui de ſoy aliene
Or, comme choſe, à uertu obiectée:
Que d'un bon cœur, doibt eſtre reiectée.
Regardéz bien: car iamais plus ne ueiſtes
La tramontane, & les deux Margarites:
Eſtre de l'eau qui uient des yeux, peries:
Tant ont pleuré deſſus leurs bergeries:
Si qu'on ne peult faire iugemant ſeur:
Qui plus eſt triſte ou la fille ou la ſoeur.

   Ce n'eſt pas uous ó Paſteurs des montaignes:
Ne uous auſſi, qui paiſcez aux campaignes
Seulz qu'auez deuil pour Dieu Pan qui faiſoit
La brebis graſſe, a qui fauoriſoit:

B ij

Car plus en ont, les bergieres gentiles:
Gardantz tropeaux, dans le cerne des uiles:
Lesquelles sont, toutes entremeslées
Sans aornementz, mais bien deschcuellée,,
Regretant pan(auecq' teste baissee)
Quand telle tourbe, a si tost delaissée:
Et n'est aulcune, en qui larmes n'arriuent
Iusques au sein, tant de pres s'entresuiuent:
Randant leur tainct, si delicat, & beaul,
Moicte, & humide: & mesmes d'Ysabeaul:
Car son esprit, est si plein de tristesse,
Son cœur d'ennny, pour le mal qui la presse
Dont ne ueult ueoir, Rubis, Perle, Escharbacle
Depuis la mort, du grand Pasteur son oncle.
Or scachant bien, que ce malheur publicque
Est pleingt de tous, ne fault donq' qu'on explique
Combien est grand, le deuil qui ne uarie:
Du successeur: en ceste bergerie.
   Le ieune Duc en sa primeue infance:
A bien cogneu, l'irreparable offance,

De la mort rude, aiant mis au cercueul:
En un momant, le corps de son Ayeul.
Las tant ilz ont, de larmes respandues,
Que les uoyant, en terre descendues
Long des habitz, on heust peu dire à l'heure,
Que l'amour mesme, en leur propres corps pleure:
Et scay trop bien, que la melancolie,
Est paruenue, au champ de Thessalie:
    Ainsi trestous, aiant prou, ou peu d'aage,
Ont depleuré, nostre commun domaige:
Et si encore, on le depleurera,
Tant que la France, en francoys parlera:
Et au deffault (ce que iamis n'aduiengne)
Tant que le Grec, & Latin auront regne,
Iusque à ce poinct, durera le renom
Du Roy Francoys, le premier de ce nom.
    O Dieu du Ciel, à mon cerueau que n'ay-ie:
Autant d'humeur, comme en hiuer de Neige,
A sur les Montz, qui separent l'Espaigne:
Car de mon pleur, i'emplirois la campaigne,

B iij

Au moins deuant, que mes yeux reposer
Fleuues nouueaux, ie uiendrois composer.
    O (Dieu) pourquoy, a ce mortel conuiue,
Tu ne me fais, consommer toute uiue:
Car ie desire (& le pretandz ainsi)
Apres mon Roy, de n'estre plus icy.
    Quelle fureur, en mon cœur insolante,
O sort maling, o doleur uiolante,
Qui taches ueoir (par ardeur effrenee)
Finir ma uie, en gloire demenee.
    O cruaulte aux humains indomtable,
O conseil faulx, de moy non admectable:
As tu ainsi, la poyson preparee:
Pour me causer, la mort desesperee.
    Plaise a mon Dieu, ne fauoriser point
A mes sohaitz: car le principal point:
Parquoy me suis, a morir tant offerte,
Est tout pour une, irreuocable perte
Dont quand de moy, l'ame seroit rauie,
Ma mort n'est point, pour rachepter sa uie.

Et puis encore, ou beaulcop ie m'arreste
C'est à grand tort, que me soie distraicte
Hors de raison: car ie pleure en ce lieu
Non seullement mon Roy, mais bien un Dieu,
Qui des haultz cieulx, uint ca bas à grand' erre,
Pour dominer les humeins sur la terre:
Et ce beau corps, plein d'honneur & bonté
Des elementz, il auoit emprunté
Aux quelz apres quelque temps le randit,
Puis monte aux lieu, dou iadis descendit:
Non touteffois (auant ses iours prefix)
Qu'il n'eusse ueu, l'ayné fix de son fix.
   Auecq' cela (que nous done coraige)
Si nous perdons, un si bon personaige,
Francoys premier, Prince puissant, & hault,
Nous ioyrons, d'un Henri qui le uault:
Car en son corps, repose l'hardiesse,
Le propre cœur, l'esprit, & la noblesse
Qu'estoit en luy, ensemble l'amitié
De ses subiectz, puis humaine pitié

Y faict seiour, encore en general:
On y cognoit, le uoloir liberal
De son feu pere, & sa bonté supreme,
Sa contenance, & sa maiesté mesme:
Si que par tout, on heut pris maintessois,
(Reseruant l'aage) un Henri, pour Francoys:
Que nous fault il, doncques auoir remord,
Veu que ce Prince, est resemblant au mort.
    Soit hardimant (ô peuples) en partie
Nostre doleur, en plaisir conuertie.
    Gents belliqueux, mectes fin à uoz larmes,
En reprenant, uoz redoubtées armes:
    Et uous Tholose, & Paris tout ensemble
Continuéz l'stude (car me semble)
Que ce bon Roy, qui merite dix sceptres,
Autant que l'autre, aime les bonnes letres.
    Vagues de mer, horribles uants aussi,
A paisés uous, ne cores plus ainsi:
Et qu'un chescun, se retire en son gouffre:
Car si de nous, l'esprit quelque dueil souffre:

Ce nouueau Roy (lequel Dieu nous enuoye)
Cause à trestous, une nouuelle ioye:
   Fleuues, Ruiceaux, qui uuydez au rebours
Perseuerez, en uostre premier cours.
   Et uous Bergiers, soubz Fresnes, & ormeaux,
Faictes sonner, Flaiolz, & Chaleumeaux,
En esueillant, chanscons mouentz à rire,
Qu'au temps passé, amour uous faisoit dire,
Car le Dieu Pan, qui iadis a cheries
Par grand faueur, toutes uoz bergeries,
Ne uoullent point, d'ycelles s'estranger,
Au corps d'Henri, n'a faict que se changer.
   Que faictes uous, Bergieres uigilantes?
Reprenez cœur, i'acoyt que mal contentes,
La mort uous rende, ayant mis en ses rencz,
Le plus hault chief, de uoz royalz parents:
Ce neantmoins, sechez uoz yeux humides:
Car uoz tropeaux, infirmes, & timides,
Appersceuentz, uostre doleur si griefue,
De peuis en fault, que le cœur ne leur creue.

C

Et toy Henri, insigne oeure du monde,
Vnicque espoir, de la France fœcunde,
Sur tous humains, apaise ta tristesse,
Et du beau sceptre, honnore ton haultesse,
Lequel te fust, par heur, & sort Fatal,
Promiz de Dieu, auant ton iour natal.

Doncq' inuincible, & magnanisme Prince,
Henri secund, qui iamais sceptre prinsse,
Sur les Francoys, peuple tien apelé,
Vien : car d'un rire, auecq' un pleur meslé,
Chescun te ueult, & (de toy)ueoir espere:
Le traictement, qui nous feict feu ton pere.

Facent les Dieux (qu'en despit de fortune)
Ta uolunté uiegne, à fin opportune,
Et que uoyons, par Francoys indomptez,
Noz ennemis, uaincuz, & surmontez:
Si bien qu'un iour, la plaie soit uangée,
Du grand tyrant, qu'habite aux mers d'ægée.

Facent les Dieux, que l'Asie, & l'Affricque,
Du mesme corps, soient de ta republicque,

Et que uoyons, par un commun usaige,
Parler à tous, ton elime langaige,
Et lors pourront (ce qu'honques n'a esté)
Singler en mer, les Nefz en grand seurté.

    Facent les Dieux, au moins que chescun uoye,
Les fleurs de Lis, parmi l'antique Troye,
Et la cité, par les Grecz ruinée
Soit (en ton nom) à son poinct retornée
A celle fin, que uoyons de nostre oeil,
La grand' meson, de ton premier Ayeul.

    I'espere bien (si fortune nous cede)
Que tu uaincras, celuy qui la possede
Car tout Royaume, & chescune Prouince:
Doibt retouner, à son naturel Prince:
I'espere aussi, que tu nous feras ueoir,
Finir son regne, abatre son pouoir:
Ainsi par toy (pourueu que Dieu nous spire)
Recouurerons, nostre second empire,
Et lors chaiscun, au doit pourra cognoistre,
Que ton croiscent, le sien fera descroistre.

C ij

Le descroissant, uerz l'occidant regarde
Le sien aussi, doncq' (ie croy) quand que tarde
(Pose qu'il a grand' rondeur amassé)
Que le uoirrons, de ce monde effacé.

Et ton croyssant, qui ses deux cornes dresse,
Pour admirer, l'oriantale Grece,
Demonstre assez, (par militaire peine)
Qu'il deuiendra, quelque iour Lune pleine.

O Roy qui tient, les fleurs de *Lis* pour marque
Bien peu s'en fault, que ne te dis monarque:
Car les grands dons de Dieu, & de nature,
Me font chanter, ta uictoire future:
Combien que triste, est encores mon son,
Ce qu'amoindrit, le goutz de ma chanson:
Car la doleur, au cœur multipliée,
Certes ne peult, de moy estre obliée,
Mais comme aduient, qu'à chanter ie m'esforce
Ta maiesté, à ma uoix donc force.
Roy, Regne doncq', en grand' felicité,
Et oultre encor, le bien qu'ay recité,

Puisses yci, soubz le grand Ciel qui tourne,
Toy, & les tiens, uiure un an de Saturne,
Auecq' tel heur, si qu'on uoye un ymage
Du temps heureux, de nostre premier aage.

EPITAPHES

DV ROY.

SI mort, de mort, eust mis la mort, à mort:
Mort ne fust point, le Roy qu'icy repose:
Parquoy serions, alegez du remord,
Qui pour sa mort, en noz cœurs a faict pose:
Doncq' mort (sans toy) cà bas seroit enclose
Vie en son corps, non pressé d'une lame,
Ou Dieu l'eust pris (qu'eust esté melleur chose)
Entierement, sans en separer l'ame.

DV ROY.

Tant est son bon renom,
Et sa fame aduancée,

Qu'un chaiscun tient son nom,
Escript en sa pencée:
Dont la mort insensée,
Ne le peult effacer:
Car si fault tresspasser,
Lame aux Os (en tel note)
Vn F. uiendra trasser,
Qui Francoys nous denote.

DV ROY.

Il ne fault point, eriger Pyramides,
Pour conseruer, le nom de nostre Roy:
Car l'eau colant, de noz cerueaux humides,
Aux regardentz, uient causer tel effroy,
Dont aperceu, sera comme ie croy,
De filz, en filz, iusques au ciecle extreme:
Puis deuant Dieu, en son throsne supreme,
Encor l'esprit, de ce peuple loyal,
Les fleurs de Lis, & un F. faict de mesme,
Presentera, a son Prince Royal.

DV ROY.

Regarde icy,
Mes tristes Carmes,
Lecteur uoyci
Le Dieu des armes,
En pleurs, & larmes
Au tombeau miz:
Dont ses amis
Celer ne peuuent
Les grandz ennuiz
Qu'a pleurer meuuent.

Parler ie uoys
Du Dieu Mars (non)
Mais de Francoys,
Premier du nom,
Qui son renom,
A faict espandre,
Si bien qu'entendre
Peult ses louanges:
Quand s'alla rendre
Auecq' les Anges.

DV ROY.

Mausoleon fust faict par Arthemise,
Pour honnorer, son mari trespasse:
Mais n'est besoing, qu'on face telle mise,
En ce Tombeau, de Marbre compassé:
Car le corps mort, dans son creux enchassé,

Honnore assez, le lieu, & la fabricque:
C'est doncq' au Roy, de nostre republicque,
Vn loz meilleur, d'illustrer son Tombeau,
Qu'à Mausolus, car le sien fust si beau,
Dont il en a, sa louange obtenue:
Parquoy trop plus, on loue le uesseau,
Que luy, qui est, la chose contenue.

Souspir d'espoir.

Imprimé d'Tholose, chez
Guyon Boudeuille.
1 5 4 7.